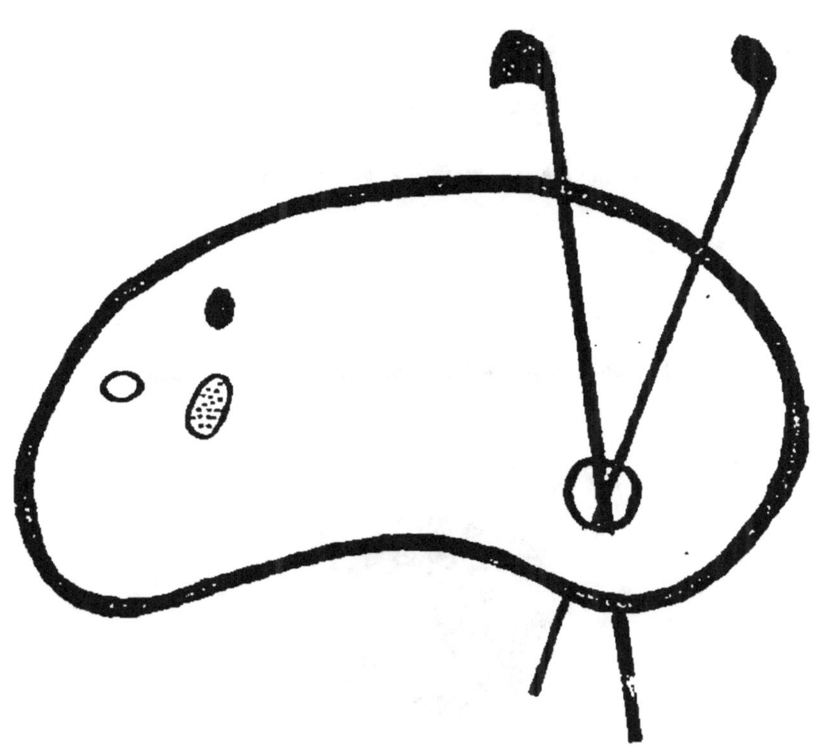

DEBUT D'UNE SERIE DE DOCUMENTS
EN COULEUR

ITINÉRAIRE DE FEZ À OUDJDA

SUIVI EN 1891

PAR M. DE LA MARTINIÈRE

CHARGÉ DE MISSION PAR LE MINISTÈRE DE L'INSTRUCTION PUBLIQUE

(Extrait du *Bulletin de géographie historique et descriptive.* — 1895)

PARIS

IMPRIMERIE NATIONALE

M DCCC XCV

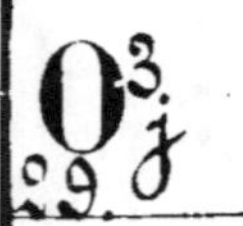

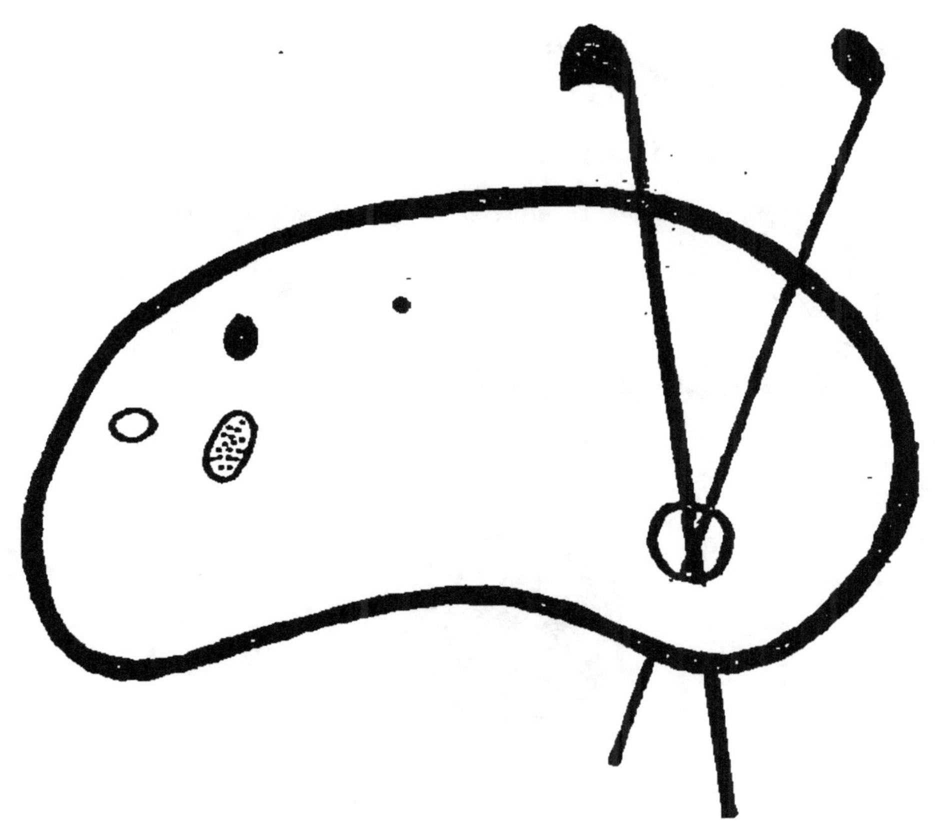

FIN D'UNE SERIE DE DOCUMENTS
EN COULEUR

ITINÉRAIRE DE FEZ À OUDJDA

SUIVI EN 1891

PAR M. DE LA MARTINIÈRE

CHARGÉ DE MISSION PAR LE MINISTÈRE DE L'INSTRUCTION PUBLIQUE

(*Extrait du Bulletin de géographie historique et descriptive.* — 1895)

PARIS

IMPRIMERIE NATIONALE

M DCCC XCV

ITINÉRAIRE DE FEZ À OUDJDA,

SUIVI EN 1891

PAR M. DE LA MARTINIÈRE.

La route de Fez à la frontière de l'Algérie, par Oudjda, était jadis l'une des voies les plus fréquentées de la Berbérie; par elle pénétrèrent, en effet, dans le Maghreb el-Acsa les différentes migrations venues de l'Ifrikià et de l'Orient, et ce fut encore ce même chemin qui relia pendant des siècles les royaumes de Fez et de Tlemcen; or cette route est de nos jours de moins en moins suivie, elle est même comme fermée, autant par l'hostilité des tribus riveraines, que par la défiance du gouvernement marocain qui semble redouter le contact de notre colonie et met à profit l'insécurité bien connue de la région pour augmenter l'isolement de son empire [1].

[1] La partie orientale du Maghreb, à l'est du méridien de la ville de Fez, et qui s'étend jusqu'à la frontière actuelle de la province d'Oran, présente quelques traits généraux plus aisés à saisir sur le terrain que sur les esquisses topographiques qui existent actuellement du Maroc. En effet, ces dernières ne sont encore que des ébauches, dressées sur des renseignements indigènes ou d'après un petit nombre d'itinéraires, parfois aussi difficiles à relier dans l'ensemble qu'à concilier dans les détails. Le système orographique du Maroc est complexe, et il s'augmente de la confusion de nos cartes qui n'en donnent pour la plupart qu'un figuré très incomplet. Les montagnes de ce pays peuvent se réduire à quatre grands systèmes assez différents : 1° le grand Atlas qui part de l'Océan, du cap Guir, près de la petite ville d'Agadir-Seghir, et se termine dans la région dite Dahra, qui précède les hauts plateaux oranais; 2° le petit Atlas, appelé parfois Anti-Atlas, parallèle au premier, mais situé au sud, et qui prenant naissance entre les embouchures de l'Ouâd Sous et de l'Ouâd Drâa, semble expirer dans les plateaux qui, à l'ouest, bordent le bassin de l'Ouâd Fez; 3° le moyen Atlas qui occupe, au nord du grand Atlas, une position à peu près analogue à celle du grand Atlas; il se détache de la chaîne principale aux environs de la petite ville de Demnat, voisine de celle de Maroc, et se continue par les montagnes qui sont au sud des villes de Méquinez, de Fez, puis par les monts des Beni-Ouaraïne, des Ghiyâtsa, par la région de Dedbou, jusqu'aux hauteurs qui, en prolongeant la chaîne de

On [1] sort de Fez-el-Bâli [2] par la porte dite *Bab el-Fotouh* [3], qui fait partie du quartier dit *el-Adoua*, et on suit le chemin ordinaire de Taza et d'Oudjda, en laissant sur la gauche, dans le nord, les contreforts du Djebel Zâlegh, au bas duquel est adossé

Beni-bou-Zeggou, coupent la frontière oranaise un peu au sud d'Oudjda; 4° un autre massif indépendant des systèmes précédents occupe l'extrême nord du Maroc, et spécialement la contrée dite du Rif. C'est entre le massif du Rif et la chaîne du moyen Atlas que passe la route de Fez à Tlemcen, par Oudjda. Utilisant d'abord la vallée du Sebou, qu'elle traverse, celle de l'Ouâd Innaouen, qu'elle remonte jusqu'à la hauteur de la ville de Taza, elle franchit en face des Ksours de la tribu des Miknâssa, le seuil formant la ligne de partage des eaux du bassin de l'Ouâd Innaouen, qui fait partie du système hydrographique du bassin de l'Ouâd Messoun, affluent du fleuve Molouïa, qui se jette dans la Méditerranée. La contrée se présente alors et au delà sous l'aspect d'une vaste plaine où coule la Molouïa, puis l'Ouâd Za ; ce sont déjà les hauts plateaux de l'Algérie qui commencent, à une altitude un peu moindre le terrain en a le même aspect.

[1] Ce voyage a été accompli en juillet 1891, grâce à la protection bienveillante et toute-puissante du chérif de Ouezzan, Sidi el-Hadj-Abdesselam et à celui de son cousin Sidi Ahmido ben Thami, de Fez.

[2] On sait que la ville de Fez se divise en deux villes construites à deux époques différentes, et connues sous les noms de Fez-el-Bâli, qui est de beaucoup la plus considérable : c'est Fez l'ancienne, fondée par Maulay-Idriss-Seghir, en 193 (J.-C.); et Fez-Djedid, ou Fez la nouvelle, élevée par Iakoub-ben-Abdallah, le second des princes Mérinides, vers 1220 ou 1230 (J.-C.). Fez est située à l'extrémité occidentale, et comme à l'ouverture de la dépression qui sépare le système orographique du Rif de celui du moyen Atlas. Elle est sur cette route qui unit les plaines que borde l'Atlantique aux plateaux de la province d'Oran. Les grandes voies historiques se croisent donc dans le bassin où est la ville, et là réside l'importance qu'elle a toujours eue dans l'histoire du Maghreb. Fez est bâtie dans la vallée de la petite rivière du même nom, dite Ouâd Fez, affluent du fleuve Sebou, au point où sa vallée, jusqu'alors presque horizontale, plonge brusquement dans une vallée assez étroite. L'Ouâd Fez est l'Ouâd el-Djouhor des auteurs arabes du moyen âge. Il prend sa source à Ras-el-Ma ou Dar-ben-Khoubza, à peu de distance à l'ouest de la ville ; son confluent avec le Sebou est à environ 6 kilomètres à l'est.

[3] Ou Porte de la Victoire, d'après El-Bekri ; c'est l'ancienne porte dite Bab el-Kabla, ou du Sud, qu'Idriss avait construite dans le sud du quartier des Andalous. Ce monument demeura intact jusqu'au moment où Dounas el-Azdy le détruisit en s'emparant, les armes à la main, de l'Adoua. La porte fut reconstruite par El-Fotouh ben El-Mouaz... lors de son gouvernement à Fez, ou, suivant l'histoire de Ben Ghâleb, citée par l'auteur du *Roudh el-Kartas*, sur les ordres de El-Fotouh ben Manser qui lui aurait alors donné son nom au moyen âge arabe. Enfin, dans les temps modernes, Bab el-Fotouh fut encore démolie avec d'autres portes de la ville, par ordre du sultan Maulay Abdallah ben Ismaïl. Les vantaux en furent transportés à Fez-Djedid (17 juillet 1730).

Fez. La ville est surmontée d'un immense cimetière étalé sur les hauteurs qui la dominent, appelées jadis *Koudia el-Araïs*, célèbres dans l'histoire par les combats qui s'y livrèrent.

Au sommet de la colline se voit un vieux fortin en pisé, à demi démoli, mais dont les portes ont été murées, et dans le sud de la ville se trouve un autre ouvrage semblable [1]. A travers des haies de vergers, et suivant une direction sud-est, la piste atteint, en trente-cinq minutes, le pont du Sebou, tandis que la vallée sinueuse de l'Ouâd-Fez disparaît sous la verdure des vergers et descend vers le fleuve.

Ce chemin, excellent en été, est souvent impraticable après les pluies de l'hiver et du printemps qui détrempent les glaises argileuses [2].

Le pont, ou Kantara du Sebou, sur lequel on traverse le fleuve, a environ 200 mètres de longueur; il est supporté par huit arches d'inégales ouvertures ; il a 8 mètres de largeur; la chaussée, pavée de galets, est assez bien entretenue; on rapporte qu'il fut construit par le sultan Maulay-Errechid, en 1669-1670, avec le produit de l'argent que le souverain avait prêté, quelque temps auparavant, aux négociants de Fez. Au pied des piles du pont se trouve un gué. Le Sebou vient du sud-sud-est; il décrit des méandres multiples; son eau, jaune et limonneuse, est chargée d'argile et inonde les rives découpées à pic dans un terrain glaiseux. Le débit du fleuve est extrêmement variable; impétueux et profond en hiver, il ne conserve durant l'été que des filets d'eau de quelques mètres seulement de largeur; des cultures maraîchères existent ici sur ses deux rives, tandis qu'en aval on trouve quelques beaux vergers d'orangers.

A environ 2 kilomètres en aval du pont, est le confluent de l'Ouâd Fez ; le Sebou décrit ensuite, presque à angle droit, un crochet dans l'est, provoqué par les prolongements du Djebel Zalegh.

[1] Ces deux bastions furent construits sous le règne du sultan Abou el-Abbas Ahmed el-Mansour el-Dehbi, vers 1588 (J.-C.), l'un en dehors de la porte Eldjisa, l'autre en face de la porte el-Fotouh. L'auteur ingénu du *Nozhet el-Hâdi* (traduction de *Houdas*) nous apprend que ces deux forteresses connues de son temps sous le nom de El-Bezatin, mot dont le singulier est Bastion, étaient d'une telle solidité qu'on ne pouvait s'en rendre compte qu'en les voyant.

[2] A l'époque d'El-Bekri, on appelait cette région, jusqu'au Sebou, Merdj-Ibn-Hicham, ou le marais d'Ibn-Hicham.

Plus loin, il tourne au nord-est puis au nord, en baignant le pied d'une autre chaîne de collines; ces dernières sont séparées du massif précédent par un profond ravin, dont l'orientation est nord-sud, et le fleuve en prolonge la direction. A l'endroit où la route la traverse, la vallée du Sebou n'a qu'un demi-kilomètre de largeur sur sa rive orientale; elle semble moins large encore sur la rive occidentale; au bas du Zâlegh, elle est peu cultivée, car on n'y rencontre que des capriers; il n'y existe pas de chemins, mais seulement des pistes étroites, tracées à flanc de côteau sur les dernières pentes argileuses, où elles deviennent très difficiles en hiver par les temps de pluie.

A la sortie du pont on suit, pendant peu de temps, une direction méridionale, afin d'atteindre le pied des collines qui constituent l'Aqbet-el-Djemel[1], et qui dominent d'environ 280 mètres le fond de la vallée. La montagne est nue, escarpée ici, coupée de nombreux ravins présentant l'aspect d'un immense bloc d'argile. La piste, étroite, s'élève par des pentes très inclinées entre des ravins creusés par les pluies et au milieu d'affleurements de tuf. La montée dure une heure; on débouche alors sur un vaste plateau peu accidenté tout d'abord, et dont l'inclinaison est dans une orientation nord-ouest - sud-est. Le territoire appartient à une fraction des Oulâd El-Hadj, grande tribu dont la branche maîtresse occupe une partie de la vallée de la Molouïa[2].

Durant une heure, le terrain que l'on traverse est peu accidenté et en partie dénudé; seule apparaît une maigre végétation de palmiers nains et de jujubiers sauvages. On y rencontre, à gauche de la route, trois étangs où s'amassent les eaux de pluie, et qui sont

[1] La montée du chameau, c'est l'Aqbet-el-Bakr, ou montée des bœufs, indiquée par El-Bekri dans sa route de Fez à Kairouan.

[2] Les tribus que l'on rencontrera sur la route de Fez à ce fleuve sont les Oulâd-el-Hadj, population arabe, les Hayâïna, les Branes, les Tasoul, qui parlent un mélange d'arabe et de berbère, et qu'on est convenu de ranger parmi les Djebala. Dans le sud, on laissera à droite de l'itinéraire les Beni-Ouaraine, population purement berbère qui parle le chelha, ou berbère méridional, et qui vit en partie sous la tente, comme les Guerouan, les Zemmour, et autres Berbères des environs de Méquinez, et en partie dans des maisons de pierre, solides et assez bien bâties, comme les montagnards de l'Atlas; ensuite, les Ghiyâtsa, tribu d'origine berbère, mais arabisée, et dont le territoire est à cheval entre les Djebala, tels que les Tasoul, les Hayâïna et les Cheleuhs beni-Ouaraine. Quant aux Miknâsa et aux populations de la plaine de la Molouïa, telles que les Hoouara, elles paraissent purement arabes.

appelés : Metafi, Oulâd El-Hadj. De ce point, on aperçoit déjà les montagnes du Ghiyâtsa et celles des Beni-Ouaraïne, qui sont à droite de la route, à une distance d'environ treize heures de marche. Ensuite, la contrée change d'aspect ; elle devient mamelonnée, et, un quart d'heure plus loin, on arrive à un ravin sinueux, dont la direction générale est nord-est. Le fond en est marqué par un ruisselet nommé Sehbt Et-Thouïl par les indigènes ; certaines parties sont garnies d'efflorescences salines. Un sentier étroit, mais assez bon, suit ce mouvement de terrain et franchit plusieurs fois le même lit de ruisseau, presque partout rocheux et formé de schistes désagrégés ; quant aux flancs du ravin, ils sont dénudés, à pentes rapides, avec des surfaces argileuses.

A quarante minutes de marche du point où l'on rencontre pour la première fois le ruisselet, et après être passé devant la fontaine dite *Aïn Et-Tïn*[1], desséchée en été, on arrive aux Aioun-Sokof, situés sur le versant oriental de la chaîne que la route a traversée ; c'est le commencement du terrain des Hayâïna.

Toute la vallée de l'Ouâd Innaouen, où les terres paraissent assez bien cultivées, s'y découvre. On y voit quelques bouquets d'oliviers ; la rivière décrit un demi-cercle au pied des collines où s'est élevée la route, puis s'échappe vers le nord-ouest pour rejoindre le Sebou.

L'Ouâd Innaouen[2] est formé de la réunion de l'Ouâd Ouartsa, qui reçoit lui-même la petite rivière de Miknâsa, venant du massif des Branes, et de l'Ouâd Taza, qui passe à la ville de ce nom et prend naissance dans les montagnes du Ghiyâtsa. La longueur du cours de l'Ouâd Innaouen atteint environ 150 kilomètres. C'est une rivière dont le débit est abondant, même en été, et dont l'eau claire et fort bonne coule sur un sol de gros graviers. Sa largeur moyenne est de 25 mètres, et sa profondeur, en été, est d'environ 0 m. 60. Ses berges, à pic de 2 à 3 mètres, sont bordées de lauriers-roses ; toutefois le cours d'eau le plus important que reçoit, dans le nord, cette rivière, est l'Ouâd El-Leben[3]. La vallée est bordée au

[1] Indiquée par El-Bekri dans sa route d'Oudjda à Fez.
[2] Appelé Yenasul par Ali Bey et Aïnaoul par Edrisi.
[3] C'est près de la réunion de l'Ouâd Innaouen et de l'Ouâd El-Leben qu'eut lieu, en 1558, la grande bataille où les troupes turques, sous le commandement du pacha Hosaïn, fils de Kheir Eddine Ettorki, furent défaites par Maulay Abdallah.

nord par les montagnes des Hayâïna et des Tasoul, au sud par le massif des Ghiyâtsa et par la chaîne allongée des Beni-Ouaraïne.

Deux heures et demie après les Aioun-Sokof, remontant la vallée de la rivière, on entre sur le territoire des Oulâd-Ayâd, fraction des Hayâïna. Dans cette tribu, et sur les contreforts méridionaux qui bordent la vallée, on rencontre l'Azib du chérif Si Abdallah ben Abd el-Djelil, près d'un puits et à proximité de l'Ouâd Bou-Zemelan. Les cultures environnantes sont prospères; le pays a un aspect de richesse qui contraste avec les territoires traversés depuis Fez.

On est ici à environ six heures trois quarts de marche de Fez.

A un quart d'heure dans l'est, on traverse l'Ouâd Bou-Zemelan, affluent de l'Ouâd Innaouen, qui sort des montagnes des Beni-Oua-raïne; c'est un ruisselet dont l'eau courante est très fraîche et ex-cellente. La route continue de remonter la vallée de l'Ouâd Innaouen, qui est généralement cultivée et où se voient de nom-breux groupes de tentes et de huttes en boue séchée, qu'habitent les Hayâïna; non loin, au pied du versant occidental d'un massif assez élevé, le Djebel Oulâd-bou-Zian, se tient le marché ou Souq et-tleta de Nekhila, sur le territoire de Hayâïna; il est fréquenté par les Oulâd-el-Hadj, les Beni-Isegha, les Beni-Sadane et les Ghiyâtsa. Le long de la rivière existent quelques vergers d'oliviers; sur la rive gauche se remarque le tombeau d'un saint, nommé Sidi Allal el-Erhar. Cinquante minutes après avoir laissé l'Ouâd Bou-Zemelan, on traverse un autre affluent de gauche de l'Ouâd Innaouen, appelé l'Ouâd Matmata. Les bords sont couverts de quelques vergers abandonnés, et on y remarque les ruines d'un ancien fort, dit *Qasba* de l'*Ouâd Allal;* c'est une construction en pisé datant du siècle de Maulay Ismaël el-Alaoui; on sait, en effet, qu'à l'époque de ce souverain, une série de forteresses avait été établie le long de la route d'Oudja; elles étaient gardées par des contingents de la garde noire ou Abids Bokhari; celle-ci marquait la première étape pour les muletiers qui se rendaient de Fez à Taza. Les indigènes désignaient cette localité sous le nom de Khèmis-Chedjour; la région appartient aux Oulâd-Hayâne, frac-tion de Hayâïna, tandis que le territoire voisin, qui s'appelle Aïn-el-Gueddah, est en partie la propriété des chérifs de Ouezzan. Après une demi-heure, la vallée de l'Innaouen se rétrécit, et la rivière décrit une courbe dans le nord, qui est provoquée par un chaînon rocheux, appelé dans le pays Hadjera-Metsqouba, dont la forme affecte celle d'un promontoire à pic. Sur la rive opposée, on voit une petite montagne de nature argileuse, nommée Aqba Zerga. Au sommet se trouve le mausolée de Sidi Ayyoub, et un grand village dit *Dchar-Aïn-Gueddah*, du nom de la source qui l'arrose. L'Aqba Zerga fait partie de la chaîne allongée du Djebel Abd-el-Kerim; il s'y trouve une forteresse du gouvernement marocain, dite *Qasba des Oulâd Abd-el-Kerim*.

Au point dit *Hadjera-Metsqouba*, la région appelée Blâd-Makhzen[1] cesse, et l'on entre dans un col où il convient de prendre des précautions jusqu'aux environs d'Oudja. La vallée, très peuplée, devient absolument vide jusqu'aux abords d'un grand village dit *Dchar-el-Ahsâra*, situé sur la face orientale du plateau rocheux de l'Hadjera-Metsqouba; on y accède en suivant un étroit ravin, le Chaabet-Tekmil, à l'entrée duquel on remarque quelques oliviers. Du Dchar-el-Ahsâra on découvre distinctement tout le massif des montagnes des Ghiyâtsa, et la forme de la vallée se prolongeant dans l'est, avec les monts des Branes et des Tasoul, qui en forment le flanc septentrional. En descendant de ce village, on retrouve alors l'Ouâd Innaouen, dont les bords sont extrêmement cultivés, car la vallée est la propriété des chérifs Idrissiyin et El-Abidiyin de Fez, ces derniers alliés à la famille de Ouezzan. On y voit le grand Azib, ou métairie de Si Mohammed Ould Si Idris el-Abidi; puis on rencontre la demeure du chérif Ouezzâni Maulay Qâsem. On est alors dans une région appelée Tadjana, qui sépare la tribu des Hayâïna des Ghiyâtsa. Le sultan Maulay el-Hassan y avait fait commencer la construction d'une grande citadelle, dite *Qasbet Djedida-Mta-Tadjana*. Le canton voisin se nomme Bou-Hellou. On découvre, dans tous ses détails, le massif régulier et boisé du Djebel Ghiyâtsa, sur le flanc oriental duquel se trouve la petite ville de Taza.

Les pics les plus éloignés dans le sud sont encore couverts de neige; on les désigne sous le nom de Djebel Bouïbelan; ils paraissent dans l'est du prolongement du méridien du Djebel Ghiyâtsa.

---

[1] Littéralement : pays des bureaux ou du gouvernement; on désigne ainsi la partie du Maroc où le gouvernement chérifien a une autorité suffisante pour assurer la sécurité relative des voyageurs ; on appelle, au contraire, Blâd-es-Siba, ou pays du vol, celui où les tribus agissent à leur guise, coupent les routes et professent le brigandage le plus étendu.

Ils appartiennent, sans aucun doute, au même soulèvement géologique ; ce sont de hautes cimes boisées, avec de riches vallées, où la population berbère trouve, paraît-il, les ressources les plus abondantes pour son existence.

Tout ce territoire est inexploré. Quant au massif des Ghiyâtsa, de beaucoup moindre étendue, on prétend qu'il renferme quelques gisements de plomb argentifère [1]. Les Beni-Ouaraine, bien que Berbères, habitent sous la tente, et ils ont des campements sur les dernières ondulations qui bordent, au sud, la vallée de l'Innaouen. Le Djebel Ghiyâtsa, projeté par la chaîne des Beni-Ouaraine, détourne vers le nord le cours de cette rivière, et toute la vallée décrit un arc de cercle nettement tracé, depuis la crête de l'Hadjera-Metqsouba jusqu'aux pieds du pic de Taza.

Quant à la face méridionale, elle est entièrement constituée par les derniers contreforts du massif du Rif, qu'habitent ici les Djebala, Tasoul et Branes. Ce sont des hauteurs de glaise, de marne, profondément ravinées par les pluies de l'hiver, abondantes en ces régions ; on y rencontre peu de végétation ; les villages eux-mêmes, agglomérations de maisonnettes de terre battue, n'ont que peu de vergers ; les rivalités de tribu à tribu de ce territoire ne permettant guère de culture.

Ainsi, l'importante tribu des Hayâïna [2] est depuis de longues années en lutte avec les Ghiyâtsa, qui envahissent ses territoires. Déjà, les Beni-Khalifa et une partie des Oulâd-Abd-el-Kerim ont été dépossédés de cette manière. On compte environ une heure et demie de marche du canton de Tadjana au marché de Djoumaa des Beni-Stiten, sous-fraction des Hayâïna ; de ce même canton, on est à une grande journée et demie de marche du Djebel Maulay-Boucheta, montagne célèbre dans toute cette partie du Maroc, car elle est le siège d'une *zaouiya* très vénérée.

Le chemin pour y accéder traverse le pays des Hayâïna, longe la limite des Cheraga et des Setta, et finalement aboutit aux

---

[1] El-Bekri, sur ce sujet minier, est plus positif ; il écrit que l'on trouve dans les montagnes de cette tribu de l'or parfaitement pur et de qualité excellente.

[2] La tribu des Hayâïna est une de celles dont le nom revient le plus fréquemment dans l'histoire moderne du Maghreb. Elle fut notamment à demi détruite en 1662-1663, par Maulay Mohammed ben Echcherif, et, de 1671 à la fin du siècle, on les voit cependant mêlés à tous les soulèvements de l'empire. Quand les sultans les poursuivaient, les Hayâïna se réfugiaient dans les montagnes des Ghiyâtsa avec lesquels ils faisaient alors cause commune.

Fichtala, sur le territoire desquels se trouve la montagne, emplacement de l'antique Prisciana, une des villes citées par Pomponius Mela parmi celles de la *Maurétanie Tingitane*.

Après dix heures et demie de marche depuis Fez, on traverse une troisième fois l'Ouâd Innaouen[1]; on laisse sur la droite le village d'Elmerabetin, et la route s'élève ensuite sur les collines argileuses qui bordent au nord la vallée.

Le terrain devient alors de plus en plus accidenté, car on suit la crête des hauteurs, jusqu'à la hauteur d'une grande source dite *Aïn Ghamelidj*; on passe successivement à l'Aïn Doukarat, puis à l'Aïn Echrob ou Erhob [2]. Le sentier prend alors une direction plus orientale et entre dans le territoire des Beni-Khalifa, dernier canton des Hayâïna, récemment envahi par les Ghiyâtsa; on traverse un gros village du même nom, et à peine un kilomètre plus loin, dans le nord-est, en commence à descendre dans la petite vallée de l'Ouâd Amellil, sur les bords duquel se trouve la zaouïya de Sidi Abd el-Qader, avec un grand douar de Hayâïna. Grâce à la protection religieuse de ce tombeau vénéré, la population du canton est respectée par les Ghiyâtsa. On franchit deux fois l'Ouâd Amelil, aux eaux claires, coulant sur un fond de gravier; cette petite rivière sort du massif du Rif, et après avoir traversé le territoire des Branes, elle forme, non loin d'un rocher remarquable appelé Hadjera-el-Kahla, la limite entre le territoire des Branes et celui des Tasoul[3].

Une heure après avoir quitté la zaouïya, on entre dans le district d'El-Methara, ancienne frontière des Hayâïna et du Ghiyâtsa. On marche une demi-heure dans la vallée de l'Ouâd Amelil, puis on laisse la rivière sur la gauche et on pénètre dans une petite gorge qui porte le nom de Zouîtina. Le sentier, très étroit, escalade des pentes d'argile très raides, et après une ascension d'une heure et demie, à travers une région déserte et sans culture, on arrive à un col remarquable.

[1] La route avait déjà franchi cette rivière à deux reprises en entrant sur le territoire des Oulâd-Aâyd.

[2] Littéralement : « *Bois et va-t-en* », allusion faite dans ce nom donné par les indigènes à l'insécurité de la contrée.

[3] La tribu des Tasoul, de nos jours, est formée d'éléments berbères (Djebala) et arabes. Au moyen âge du Maghreb, elle a subi l'influence d'une fraction des Miknâsa, celle des Beni-Abi-l'-Afia, qui étaient rois de Tasoul et de Fez, d'après Ibn Khaldoun.

En effet, deux collines semblables et symétriquement placées de chaque côté de la route signalent le passage appelé Bab-Hammâma. Sur le flanc méridional de celle des deux collines qui est au nord de la route, se trouve un *azib* des chérifs de Ouezzan ; on pénètre ensuite sur le territoire de la tribu des Oulâd-Chérif, fraction des Branes [1].

La route descend au fond d'une vallée où se voit l'emplacement du marché du Tlata des Oulâd-Chérif ; on y trouve des sources dites Aïoun Oulâd-Chérif.

La région est dénudée et l'aspect en demeure misérable. C'est une des contrées du Maroc les plus tourmentées au point de vue politique, car le territoire des Branes, qui fait suite au Rif, participe de l'agitation constante qui règne dans le pays, et les luttes de tribu à tribu qui s'y livrent constituent un des dangers de la route de Fez à Oudjda. Environ trois quarts d'heure après avoir quitté le Souq Tleta des Oulâd-Chérif, on entre dans le canton dit *Blad-el-Mellali*, et une demi-heure plus loin se voit un assez grand village dans le nord, à l'Aïn Omar, qui sort du flanc du Djebel Oumdjeniba. Les Aïoun Tleta, aussi bien que cette dernière source, sont tributaires de l'Ouâd el-Hader, que l'on atteint en quelques minutes de marche. L'Ouâd el-Hader est une rivière importante, d'environ 25 mètres de large, aux eaux claires et abondantes, coulant sur un fond de gravier ; elle sort du territoire de Beranes, et forme, dans le bas de la vallée, la limite des Miknâsa. On assure que la rivière prend sa source au Djebel Gouïn [2].

Après une heure et quart de marche, suivant toujours la direc-

[1] Les Branes paraissent être les derniers et authentiques représentants de la grande famille des Bernès à laquelle Ibn Khaldoun consacre tout un chapitre, et qui avait fourni les Azadja, les Masmouda, les Aureba, les Adjisa, les Ketama, les Sanhadja, les Lampta, les Heskoura, les Guezoula ; Vivien de Saint-Martin cite les Beranes comme les Berbers de l'Ouest.

[2] Le Djebel Gouïn, du nom de la tribu des Beni Gouïn, se trouverait sur le territoire des Guezennaïa, groupe important de population du Rif. Duveyrier appelle cette montagne Djebel Beni-Kaoum, mais son existence et sa dénomination primitive avaient déjà été données par El-Bekri ; c'est, en tout cas, le nœud central du système orographique du massif du Rif, et où prennent naissance les trois cours d'eau les plus importants de cette partie du Maroc : le Ouargha, le Ghis et le Nokour.

Il paraît se trouver entre les Sanhadja et les Metalsa, de l'ouest à l'est, et à mi-chemin des petites villes de Taza à Nokour, à environ 80 à 100 kilomètres de la mer.

tion de l'est, le sentier, à travers une région mamelonnée et des plus monotones, mène à l'Ouâd Ouartsa, cours d'eau qui sort des montagnes des Metalsa.

Les bords sont couverts de lauriers-roses; l'eau roule sur un fond de galets, sur une largeur d'environ 3o mètres, et une profondeur de o m. 4o.

La rivière serpente dans une vallée qui semble fertile; c'est un affluent de l'Ouâd el-Hader; elle baigne, à droite de la route et à 2,5oo mètres, le pied de la colline du petit village de Miknâsa des Beni-Stiten, ou Miknâsa-Tahtanïa, tandis que l'autre Miknâsa, vers lequel on se dirige, se nomme Miknâsa des Beni-Ali, ou Miknâsa-Foukânïa. Une colline allongée sépare les deux vallées, et dans l'est, celle de l'Ouâd Ouartsa est terminée par une ligne de hauteurs, dont le sommet culminant paraît se trouver à peu de distance de la route et au marabout de Si Mohammed Zouaoui; à ce dernier point, un passage existe; on y arrive une heure et demie après avoir passé l'Ouâd el-Hader; l'on découvre alors le Qsar à environ 3 kilomètres dans l'est, de l'autre côté de la vallée de l'Ouâd el-Ghobâr, rivière appelée aussi Ouâd Miknâsa ou Ouâd el-Arba, du nom d'un marché voisin. Elle prend sa source sur le territoire des Guezennaïa. Le chemin, en pente accentuée, mène directement à la rivière, que l'on traverse à un gué difficile en hiver, et tout de suite on entre dans le Qasr, qui est un amas de maisonnettes en pierres grises, souvent assemblées à sec; la plupart des constructions ressemblent à des huttes[1].

Seules, la demeure du Moqaddem, de l'ordre religieux de Maulay Etthaïeb, et la Zaouïya, ou couvent des chérifs de Ouezzan, font exception. Par la route qui vient d'être décrite, Miknâsa-Foukânïa est à vingt-deux heures et demie de marche de Fez.

La tribu des Miknâsa[2] est une des plus illustres du Maghreb,

[1] El-Bekri écrivait que les Miknâsa habitaient des huttes de broussailles.

[2] Pour l'histoire des origines des Miknâsa, voir Ibn Khaldoun, t. I, p. 258 et suiv. On peut aussi citer la généalogie toute différente indiquée dans le *Nozhet el-Hadi* (trad. *Houdas*), p. 326, d'après laquelle les Oulad-Mahalli auraient quitté la ville de Méquinez (Miknaset-Ezzitoum) pour aller à Sidjilmasa, tandis qu'une partie de ses descendants, sous le nom de Miknâsa, se seraient établis dans le district de Tlemcen.

Quoi qu'il en soit, les Miknâsa qui faisaient partie des tribus zenetes dominaient, au viiie siècle, toute la vallée de la Molouïa, et étendaient leur influence jusque dans les oasis du désert marocain et dans les contrées qu'arrose l'Ouâd Ziz. Elcar elle fut très intimement mêlée à l'histoire de ce pays à l'époque des Famitides; elle gouvernait tout le pays de Tasoul, de Guersif et de Taza. Elle ne paraît plus actuellement compter que les populations assez restreintes du district qui nous occupe.

Quant aux deux fractions actuelles de la tribu, les Beni-Stitten et les Beni-Ali, elles habitent chacune un bourg différent, distants d'environ 17,500 mètres l'un de l'autre. Chez les Beni-Stitten réside un qaïd du sultan, qui ne possède aucune autorité, et parfois est chassé par les habitants chez les Beni-Ali où la population du Qasr peut être évaluée à environ 2,000 âmes. L'autorité morale y est dévolue à l'intendant des chérifs de Ouezzan.

Le territoire des Miknâsa est borné à l'ouest [1] par celui des Tasoul, au nord par celui des Metalsa (frères des Miknâsa, d'après Ibn Khaldoun), et au nord-est par les montagnes des Guezannaïa, à l'est par la région des Oulâd-Bekkar, qui servent de transition avec les Hooura, nettement Arabes et qui occupent le sud-sud-est de la tribu; au sud ce sont les Ghiyâtsa.

Bekri, en effet, nous apprend qu'ayant adopté les doctrines kharedjites, c'est à eux que remonte la fondation de la ville de Sidjilmasa. Profitant de l'affaiblissement de la dynastie Idrisside, et sous la conduite d'un certain Messala, ils avaient soumis tout le territoire compris entre les Tasoul-Taza et presque toute la région orientale du Maghreb el-Acsa.

D'après Ben-Ghazi, l'auteur d'une monographie de la ville de Méquinez, traduite par M. O. Houdas, une des fractions des Miknâsa, en s'établissant dans cette région, aurait donné son nom à Taza, qui se serait appelé dans la suite Miknâset-Taza, par opposition à Miknâset-Ezzitoun.

[1] A l'époque où écrivait El-Bekri, le territoire de Miknâsa commençait dans l'ouest à un point nommé par le géographe arabe Khandoc el-Foul, «le ravin des fèves»; on a perdu actuellement le souvenir de cette dénomination, mais encore de nos jours, la principale culture est celle des fèves. Dans cette même région, le même auteur nous a transmis le nom d'une ville de Tasoul, appelée de son temps aussi Aïn-Ishac, et qui avait été, longtemps avant l'époque où il écrivait, la capitale des Etats de Moussa ibn Ali l'Afia; elle avait été détruite, mais le renom de sa splendeur était parvenu jusqu'à El-Obeïd, qui vante ses bazars et sa mosquée.
Rien n'a pu encore permettre de proposer une assimilation pour cette ville, située à 10 milles au nord du château de *Gormal*, localité elle-même inconnue à notre époque, et qui était à deux journées de marche de Fez, sur la route d'Oudjda. D'après ces distances, il conviendrait de placer cette forteresse aux environs de Miknâsa, plus vraisemblablement dans la vallée de l'Oued el-Hader. La région, de ce point à Fez, était, au temps d'El-Bekri, habitée par la tribu des Metghara, fraction des Miknâsa venue des oasis du Sahara; de nos jours, tous ces souvenirs sont perdus.

La région des Miknâsa, située entièrement sur le flanc méridional des derniers contreforts du système montagneux du Rif, est bien arrosée.

On y rencontre d'étroites vallées, dont le fond est cultivé, tandis que sur les flancs marneux et crayeux s'étendent d'assez nombreux vergers d'oliviers. Quant aux cours d'eau, ils viennent du massif du Djebel Gouïn.

L'Ouâd el-Ghobâr et l'Ouâd el-Hader y prennent leur source, et ce sont les hauteurs de Bab-Tamalou qui forment la séparation du bassin des deux systèmes du Sebou et de la Molouïa. Sur le versant occidental, la petite source dite Aïn Ghlaka verse ses eaux aux affluents de l'Ouâd Innaouen, tandis que sur le versant oriental, l'Aïn Nakhla est tributaire de l'Ouâd Messoun.

Le col dit *Bab-Tamalou* a une altitude de 1,000 mètres; il est situé à une heure de marche dans l'est du bourg des Beni-Ali ; l'insécurité de la contrée empêche seule la route de prendre une direction plus méridionale par la continuation du thalweg de l'Ouâd Innaouen, où le terrain est moins accidenté; à l'époque d'El-Bekri, ce dernier passage était connu sous le nom de Fedz-Taza, ou défilé de Taza ; la localité appartenait aux Miknâsa ; de là, on se dirigeait vers la Molouïa.

On peut dire que la région des hauts plateaux algériens commence à cet endroit, et que le Tell marocain s'arrête avec la vallée de l'Ouâd Innaouen, au-dessus et à l'est de Taza[1], qui n'est

[1] Par sa situation géographique, la ville de Taza a de tout temps joué un rôle important dans l'histoire du Maghreb. Aussi bien les ruines d'un pont romain sur le petit Ouâd Taza, à l'ouest et à une très courte distance de la ville, ainsi que d'autres vestiges de cette époque qui y furent trouvés, confirment l'opinion que la voie de Fez à Tlemcen était déjà suivie au temps de la domination impériale. Il n'y a guère, en effet, de raisons pour qu'aucune communication n'ait existé entre les colonies de l'intérieur de la Tingitane, telles que Volubilis, Prisciana et les postes de la Maurétanie Cœsarienne, comme Pomarium (Tlemcen) et Numerus Syrorum (Lalla Maghnia). Outre que cette voie suivait la route naturelle qui unit le Maghreb extrême au Maghreb central, et que seules, de nos jours, des considérations politiques spéciales du gouvernement marocain ont comme condamnée, elle avait en plus l'avantage de fermer par le nord-ouest, aux populations du Rif, les contrées fertiles de la Tingitane centrale.

D'autre part, on sait combien la navigation de la côte du Maroc est incertaine, difficile pendant une partie de l'année ; ce sont encore là des considérations qui militent en faveur de l'union terrestre des deux Maurétanies.

Parmi les auteurs arabes dont les textes nous sont parvenus, aucun ne nous

éloigné que d'une heure et demie de marche des Miknâsa, des Beni-Ali. A environ trois kilomètres à l'ouest du col dit Bab-Tamalou, se trouve un grand village ou Qasbet Tamalou, du nom d'une citadelle qui date de l'époque du sultan Maulay Ismaïl, et dont on voit encore les ruines. La route descend d'abord le flanc oriental de la colline qui supporte le qasr, elle traverse la petite

parle de la fondation de Taza; Ibn Khaldoun, en traitant de l'établissement dans la région de la dynastie des Beni Abi l'-Afia, semble faire entendre que la ville existait déjà, car cette dynastie miknâsienne se serait bornée à y fonder le Ribath ou couvent. On sait qu'elle régna de 917 à 1071 (J.-C.). Aux derniers jours de l'empire almohade, Taza était une ville importante; Ibn Khaldoun la cite au rang des villes telles que Fez, Méquinez, Qasr Qetama, qui payèrent, en 1239, l'impôt à Othman.

Les souverains de Fez attachèrent toujours une extrême importance à la possession de cette place; à une époque plus ancienne, c'était aux environs de Taza que s'établit et se développa la puissance des Beni-Merine, avant de fonder la dynastie merinide et de dominer le Maghreb-el-Acsa à la chute des Almohades.

Un des princes les plus illustres de cette nouvelle famille, Abou Yacoub Youssef, y bâtit une citadelle en octobre 1297, monument imposant que l'on remarquait à l'époque où écrivait plus tard Ibn Khaldoun. Aux environs immédiats de la ville, sur l'Ouâd Bou-Adjeraf, affluent de la rivière Innaouen, Abou Eïnane battit l'armée d'El-Mansoûr, en 1348, et ce combat devait rendre au vainqueur la souveraineté du Maghreb. Enfin, dans les temps modernes, en 1666, ce fut encore sur cette même ville que Maulay Errechid porta tous ses efforts avant d'établir la dynastie des chérifs Filali à Fez. D'après Mohammed Esseghir ben el-Hadj el-Oüfrâni, qui écrivait de 1511 à 1670, Taza fut gouverné en 1587, sous le sultan Sidi Mohammed, par l'écrivain Aboul Qâsem ben Ahmet Ezziâni.

La ville de Taza est située sur le territoire des Ghiyâtsa, qui, de nos jours, y exercent une domination absolue; cette tribu berbère est peu connue dans l'histoire du Magreb : son action, en effet, a été noyée dans celle des Beni-Merine à la cause desquels elle a été soudée.

Actuellement, les Ghiyâtsa se divisent en deux grandes fractions : 1° l'une, dont les terres s'étendant des Hayâïna jusqu'au canton appelé Ghedir-el-Kebch, a nom les Beni-Ouddjan ; 2° la région de l'autre, les Beni-bou-Guitoun, est comprise entre le point précédent, les Hooura et les Beni-Ouaraïne.

Ce sont le Beni bou-Guitoun qui, en 1873, livrèrent la bataille au sultan Maulay el-Hassan et infligèrent un grave échec à son armée; les Ghiyâtsa sont comptés par Ibn Khaldoun, t. I, page 209, parmi les tribus qui professaient le judaïsme avant l'arrivée des Musulmans au Maghreb; ils firent ensuite partie du pays donné à Daoud, un des douze fils d'Idriss II. Taza n'a pu être visitée que par deux Européens : Ali Bey, au commencement de ce siècle, qui professait la foi musulmane, et qui nous en a laissé un aperçu, et de Foucauld, en 1884, à qui nous en devons une excellente description; on citera toutefois comme mémoire le séjour qu'y fit en 1666 Roland Frejus, envoyé du roi de France et chargé d'une mission commerciale.

vallée et de suite escalade les hauteurs du Djebel Taourirt, chaînon que projette le massif des Guezennaïa. Le sentier est difficile et passe dans des bois d'oliviers pour atteindre une contrée rocheuse, et, une demi-heure après le départ, on arrive à l'Aïn Daghlaka, 740 mètres d'altitude, puis une demi-heure après, dans la direction orientale, on est au col.

La vue y est très étendue; à droite, c'est le Djebel Taourirt, tandis que dans le bas et au sud se déroule la plaine mamelonnée au bout de laquelle se distingue la ville de Taza, adossée aux montagnes du Ghiyâtsa.

Dans le sud, l'horizon s'arrête à la plaine des Beni-Ouaraïne, où se dresse le pic du Djebel Bouï-Bou-Belan, qui conserve en été des traces de neige.

En descendant sur le versant oriental du col de Tamelou, on passe à l'Aïn el-Nakhla, et une demi-heure plus loin, au milieu d'une région rocailleuse et stérile, apparaissent les premiers campements des Chiana, fraction de la grande tribu des Hoouara. On est alors dans une région qui est le prolongement du Dahra [1].

---

[1] Le Dahra, ou Ard-el-Fahma, est le nom que portent les hauts plateaux dans la région marocaine. De Foucauld l'arrête dans le nord, aux montagnes de Debdou et des Ouled Amer.

En réalité, on peut dire que toute la partie occidentale qui précède la vallée de la Molouïa, ainsi que la plaine où coule l'Ouâd Messoun, participent des mêmes caractères que le Dahra. L'altitude moyenne est d'environ 560 mètres dans la partie qui est comprise entre Taza, la Qasba de Messoun et la Molouïa; c'est absolument la même nature de sol que les plateaux de la province d'Oran, stérile en été, où, de loin en loin, se rencontrent quelques buissons rabougris et chétifs; à la moindre pluie, les terres se recouvrent d'une végétation herbacée qui alimente les troupeaux des nomades. Quelques ghedirs, sortes de mares où séjourne l'eau du ciel, quelques citernes ruinées, datant du sultan Maulay Ismaïl, y sont les seuls points d'eau. Le Fahma est borné au nord par les montagnes des Ouled Bekkâr, puis par le Gueliz, à l'ouest par le Djebel Taourirt, et au sud par la région des Beni-Ouaraïne.

Sur la rive droite de la Molouïa, le Fahma se prolonge jusqu'aux montagnes des Beni-bou-Zeggou. La pente est peu prononcée dans le Fahma occidental. Il débute à une altitude de 570 mètres à la Qasba de Messoun, tandis que la rive de la Molouïa est à 370 mètres. La différence de niveau de 200 mètres porte sur une étendue de 35 kilomètres. Le Fahma appartient aux Hooura, qui s'y déplacent indéfiniment d'après les époques de l'année et pour les besoins de l'alimentation de leurs troupeaux, dans sa partie occidentale, tandis que sur la rive droite de la Molouïa ce sont les Ahlaf qui l'occupent. Le Fahma, dans le sud et à droite de la Molouïa, semble se confondre avec la plaine de Tafrata.

Quatre heures après avoir quitté Miknâsa des Beni-Ali, on arrive sur les bords de l'Ouâd Messoun [1].

Cette rivière coule à 400 mètres de la qasba du même nom, entre des berges ravinées, hautes de 10 mètres environ, et sur un fond de gravier ; le cours en est rapide et les eaux légèrement salées ; sa largeur, en été, ne dépasse pas 20 mètres, mais au printemps elle inonde les terrains environnants. L'Ouâd Messoun sort des montagnes des Guezennaïa ; coulant d'abord du nord au sud, il ne prend une direction orientale qu'aux environs de la qasba de Messoun, et un peu avant d'atteindre ce dernier point, il sert de limite entre les territoires des Miknâsa et des Oulâd-Bekkâr. Les bords de la rivière sont déserts ; la région est, en effet, dévastée par les invasions des Ghiyâtsa, tandis que la contrée qui s'étend jusqu'à la ville de Taza, distante d'environ 22 kilomètres, est de même parcourue par les Beni-Ouaraïno. La qasba de Messoun est un grand parallélogramme, dont les murs, en pisé, ne renferment, à l'intérieur, qu'un amas informe de constructions en ruines, datant de l'époque de Maulay Ismaïl. La description d'Ali Bey, qui y passa en 1803, s'applique encore exactement à cet ensemble de masures et à l'enceinte de pisé. La même mosquée y est toujours en ruines, et la désolation de ce lieu est semblable à celle qui avait frappé le voyageur au commencement du siècle. La qasba dépend du territoire des Hoouara [2] ; elle est habitée par une sous-fraction des El-Ahmaz, de la fraction des Oulâd-Messoud. Devant la porte il se tient un petit marché, dit *El-Had de Messoun.*

[1] L'Ouadi Ouarogguin d'El-Bekri, et qui, à l'époque de ce géographe, coulait entièrement sur le territoire des Miknâsa ; ce fut sur les bords de cette rivière que se livra, en 933 (de J.-C.), la bataille dite de Messoun, où Moussa ben Abou l'Afia fut battu par les forces de l'Idrisside Ibrahim, et après laquelle l'autorité fatimide fut momentanément rétablie dans le Maghreb.

[2] Les Hoouara ont une origine qui semble complexe. Ibn Khaldoun cite deux versions. D'après l'une, il conviendrait de les rattacher aux Beranes, et, d'après la seconde, il faudrait les faire descendre des Arabes du Yemen ; c'est en tout cas une des tribus dont on retrouve le plus de traces à notre époque dans le Maghreb-el-Acsa. Il y en a dans la vallée de l'Ouâd Sous, où ils habitent de véritables petites forteresses, et ce sont en partie berbérisés au contact des populations du grand Atlas, puis dans le nord du Maroc, entre Asilah et Tanger, etc. Ils parlent arabe et se prétendent de race arabe ; certains croient, et c'est du reste l'opinion de l'auteur de l'histoire des Berbères, que ce sont des Berbères arabisés, au même titre que les Sanhadja, les Lampta, etc.

Toutefois, Edrisi, en traitant d'Aghmat-Ourika, petite ville aujourd'hui dis-

Au départ de la qasba de Messoun, on s'engage dans une immense plaine que rien ne semble borner dans l'est ; la route laisse dans le sud, et à environ 4 kilomètres, le tombeau de Sidi Saada ; après une heure de marche, on retrouve l'Ouâd Messoun, dont le cours décrit une boucle dans le sud, avant de prendre la direction nord-est, qu'il conserve jusqu'à son confluent avec la Molouïa.

Les montagnes des Oulâd-Bekkâr, dont les dernières ondulations portent la qasba de Messoun, s'éloignent dans le nord, et plus loin, dans une direction parallèle, on commence à distinguer le Djebel Gueliz. Entre ces deux chaînes coule l'Ouâd Tinsin. Deux heures après être sorti de la qasba on passe à proximité des ruines en pisé d'une citadelle, de l'époque du sultan Maulay Ismaïl, appelées Temdrâra ; une heure quarante plus loin, le terrain commence à s'abaisser, et on entre dans la vallée de la Molouïa par une pente à peine sensible. Le lit du fleuve est indiqué par une ligne de végétation, dont la couleur sombre se distingue de très loin.

A peu de distance, on laisse le pays de Guersîf [1]. Rien n'en révèle plus la splendeur passée ; ce n'est, de nos jours, que le nom

parue et dont les ruines se voient encore à environ deux heures de marche au sud de la ville de Maroc, écrit que ses habitants sont des Hoouara naturalisés Berbères par suite de leur voisinage et de leurs rapports avec les indigènes.

Quant aux tribus sorties de la souche de Hoouar, fils d'Aurigh, fils de Bernès, elles sont très nombreuses ; parmi celles que cite Ibn Khaldoum, on remarque les Melita, les Ouargha, les Zemmour, noms encore connus et répandus de nos jours au Maroc. Les Hooura se firent, dans l'histoire, remarquer par la part très active qu'ils prirent à la grande apostasie des Berbères et aux guerres qui en furent la suite. Plus tard, ils se distinguèrent par leur engouement pour les doctrines kharedjites et surtout pour celles des Eibadites.

[1] Du bourg florissant que l'on y voyait au temps d'El-Bekri, il ne reste que quelques pans de mur, et seules les ruines d'une kasba bâtie au xviiie siècle occupent l'emplacement de ce *ribath* ou couvent fameux qui, suivant Ibn Khaldoun, avait été fondé vers 900 (J.-C.) par les Miknâsa. Guersif est le Garsis de Léon l'Africain, qu'il place sur un roc auprès du fleuve Milvia à 30 milles de distance de Teurert (Taourirt) de l'Ouâd Za.

Quant à Marmol, qui d'ordinaire copie si exactement Léon l'Africain, il voit dans ce château, bâti selon lui par les Beni-Merine, l'antique Galafa de Ptolémée. C'est à Guersif que fut détruit ce qui restait de l'armée almohade, après la mort d'Essaïd à Tamgezdekt. Dans cette victoire, remportée par Abou Yahia, chef des Mérénides, périt le jeune Abdallah, fils d'Essaïd.

Suivant des renseignements indigènes, non loin de là se jette dans la Molouïa l'Ouâd Meloulou, et, à une aussi courte distance, l'Ouâd Beni-Rtas.

d'un district qui sert de lieu de campement à une fraction des Oulâd-Messouad.

On compte six heures de marche de la qasba de Messoun à l'Ouâd Molouïa, et trente-deux heures trente depuis Fez. La route suit alors, durant quelque temps, le fleuve, puis on traverse, au milieu de joncs et de roseaux, les marais qu'y forme l'Ouâd Messoun. Enfin, on arrive au gué dit «Mechra de Si Abdallah el-Sebbâghi», du nom du tombeau d'un saint situé sur la rive droite du fleuve.

Au point précis où l'on aborde la Molouïa, se dresse une grande ruine, ancien magasin d'une fraction aujourd'hui éteinte des Hoouara, les Oulad-Beni-Zaho, qui furent exterminés par les Lamtana à une époque déjà ancienne ; sur la rive droite du fleuve et sur une petite éminence appelée El-Marada, on remarque d'autres vestiges de constructions. Le vulgaire les attribue aux Romains ; en réalité ce sont des murailles en pisé, du xviii° siècle, qui subsistent de la kasba [1] Taberida, citée par El-Bekri.

En été, et au gué de Sidi-Abdallah-Sebbâghi, la Molouïa [2] a 5o mètres de large, et coule sur un fond de galets entre deux berges peu élevées. Le lit a environ 14o mètres ; le courant est extrêmement rapide en toute saison, car il est alimenté, en été, par la fonte des neiges du Djebel Aïachi, dans le grand Atlas, où le fleuve prend sa source, à droite de la route de Fez, au Tafilalet, dans l'ouest du col de Tizi-n'-Telremt.

En hiver et au printemps, au moment des grandes pluies, la Molouïa est fréquemment infranchissable à ce gué ; il faut alors descendre jusqu'à près de l'embouchure, en aval, où, d'après des renseignements indigènes, se trouve un bac, non loin du tombeau de Sidi Mohammed Amezzian, situé sur la rive gauche.

La vallée est argileuse, et serait fertile si elle était cultivée ;

[1] Qasba Taberida signifie «la citadelle du passage» ; elle commandait, en effet, le passage du fleuve.

[2] Orthographié de différentes façons : Moulouïa, Moluïa, Molouya ; H. Duveyrier écrit Moloûya. Quelle que soit, en tout cas, la racine du nom classique, Mulucha, Molochath, Malva ou Malvana, le nom arabe Molouïa «contournée, damasquinée», tout en rappelant le son de l'appellation ancienne, caractérise parfaitement le cours très sinueux de ce fleuve ; on sait que de tous temps, aussi bien dans l'antiquité qu'au moyen âge arabe ou berbère et qu'à l'époque moderne, jusqu'à notre venue en Algérie, la Molouïa a toujours formé la limite du Maghreb el-Acsa (Maroc) et du Maghreb el-Oust (Algérie).

seuls, les bords du fleuve possèdent quelque végétation ; on y remarque des figuiers. Les campements des Hoouara se dirigent en été vers les flancs du Djebel Gueliz, ou dans la vallée de l'Ouâd Tinsin.

La rive droite du fleuve appartient aux Ahlaf[1], qui nomadisent du fleuve jusqu'à l'Ouâd Za, et au pied du Djebel Guelob, qui sépare les vallées de la Molouïa et de l'Ouâd Za.

Après le gué de Sidi-Mohammed-Sebbâghi, la route passe près des campements des Oulâd-Mohammed-el-Hosaïn, sous-fraction des Ahlaf, et peu après franchit les chaînons que projette dans le nord le Djebel Guelob. La région devient très rocheuse et de plus en plus dénudée ; une heure et demie après avoir quitté la Molouïa, on se trouve par le travers du Djebel Gueliz, situé dans le nord, tandis que dans le sud, le Djebel el-Guelob termine l'horizon. Cette montagne fait partie de la chaîne des Beni-bou-Zeggou ; elle masque la grande plaine de Tafrata, à laquelle on accède par le passage dit Foum-el-Djir. La route traverse successivement les petites rivières suivantes, toutes à sec, et dont les lits ne reçoivent que les eaux de pluie : l'Ouâd Telagh, l'Ouâd el-Biodh, l'Ouâd Guettara, l'Ouâd el-Abd ; puis après avoir passé le canton appelé Er-Redjeïm, on pénètre dans la région dite Blâd-Guerarma, du nom de la tribu des Guerarma [2] ; cinq heures et demie après avoir quitté la Molouïa, on descend alors dans l'étroite vallée où coule l'Ouâd Za, et que bordent des collines rocheuses très découpées de conglomérats et de calcaires, avec quelques gisements de fer oligiste. Autant l'aspect de ces collines est désert ici, autant le fond de la vallée est prospère, et renferme de riches cultures qu'arrose la rivière ; celle-ci a 20 mètres de large et son eau courante ne tarit jamais.

Au point où la route passe l'Ouâd Za, se trouve, sur une petite

[1] Les Ahlaf ou «conférérés» (l'orthographe Hallaf est vicieuse) descendent, suivant Ibn Khaldoun, d'Amran et de Menebba ; c'est une tribu de race arabe.

Autrefois, le nom d'Ahlaf s'appliquait aux Beni-Mansour, population de la tribu des Makel, qui occupaient la frontière méridionale du Maghreb-el-Acsa, depuis la Molouïa jusqu'au Derà. Les Ahlaf parcouraient même, avec leurs troupeaux, la partie du désert que renferme le Tafilalet. De nos jours, ils se divisent en deux groupes : les Ahl-Refoula, qui nomadisent dans la vallée de la Molouïa, et les Ahlaf proprement dits, qui s'étendent dans tout le bassin de l'Oued Za.

[2] Les Guerarma sont des Arabes ; ils sont alliés aux Ahlaf, dont ils se disent les frères. Ils sont néanmoins sédentaires.

colline rocheuse isolée, Taourirt [1], localité appelée aussi Qasba-Maulay-Ismaïl, du nom du sultan qui y fit construire une citadelle, dont il ne subsiste plus que des murailles au milieu desquelles la tribu des Guerarma a élevé des magasins pour serrer ses grains.

Auprès de Taourirt se tient un marché, dit *El-Tenin de l'Oued Za*, et qui est fréquenté par toutes les populations environnantes, et à 3 kilomètres et demi dans le nord, on voit le tombeau d'un saint très vénéré dans la contrée, Sidi Mohammed ben Ali el-Hassani chérif Oukili ; une zaouïya importante de la même famille se dresse [2] à côté du marabout.

Après le talus qui forme le rebord de la vallée, la route s'engage dans une plaine légèrement ondulée fort mauvaise à la saison des pluies. Cette contrée, que l'on est convenu d'appeler le désert d'Angad, se prolonge jusqu'à Lalla-Maghnia. Les limites en sont : au nord, le massif des Beni-Snassen (Beni-Zenata); à l'ouest, le cours de la Molouïa et celui du Za; au sud, les montagnes des Beni-bou-Zeggou [3] et des Zekkara. Le désert d'Angad, extrêmement aride en été, devient, au moment des pluies, un excellent terrain de pâturage pour les troupeaux des tribus qui le parcourent.

La région médiane entre la vallée de la rivière Za et la Qasbet el-Aïoun Sidi Mellouk appartient, de fait, aux Sedja, ou Chedja, petite tribu nomade de race arabe, qui nomadise dans la vaste étendue de territoire bornée au nord par les montagnes des Beni-Snassen, au sud par l'Ouâd Debdou, à l'ouest par l'Ouâd Za et à

---

[1] Taourirt a joué un rôle important dans l'histoire du Maghreb; à l'époque où écrivait El-Bekri, c'était là que la route se bifurquait, dans le sud, pour mener à Sidjilmassa, et dans le nord, pour atteindre Melila.

Dans les luttes si vives et si longues des dynasties Merinides et Abdel-Ouadites, la vallée du Za fut souvent considérée comme frontière des États, et Taourirt était disputée avec acharnement.

Les Beni Merassen étaient seigneurs de Za et de la Koudiet nommée Taourirt (El-Bekri).

[2] Les Beni Oukil sont des chérifs qui prétendent descendre de Maulay Idris, de Fez; leur premier ancêtre, appelé Si Moussa, serait mort en laissant trois fils : Sidi Ahmet ben Moussa, dont les descendants habitent la Zaouïa de Guefaït; Sidi Ali ben Moussa, dont la famille réside dans la vallée de l'Oued Ksob; et enfin Sidi Aïssa ben Moussa, dont la descendance peuple l'Aïn-Sfa et une partie du Blad-ed-Daoura, à l'ouest de la Molouïa.

[3] Les Beni-bou-Zeggou sont Berbères pour la plupart; les autres viendraient de Figuig aux temps reculés ; ils parlent le tamazirt.

l'est par le Koudiet el-Khodra d'Oudjda. Elle est donc en contact et opposition d'intérêts avec les Angad et les Beni-Bou-Zeggou, et aussi avec les Ahlaf; il en résulte un état politique fréquemment troublé.

Une heure et demie après avoir quitté l'Ouâd Za, on traverse un petit ruisseau d'eau salée, l'Ouâd el-Meridja, en laissant dans le nord le tombeau de Sidi Mohammed ben Abd el-Qader. L'Ouâd el-Meridja, ainsi que tous les cours d'eau ou, pour parler plus exactement, tous [1] les lits de torrents desséchés que l'on rencontre sur cette partie du chemin, descendent des montagnes des Beni-Bou-Zeggou, dont les derniers contreforts prennent le nom de Djebel Chraïa ou Cheriat. Deux heures avant la qasba des Aïoun de Sidi Mellouk, on traverse l'Ouâd Cheriat [2], qui conserve même en été un mince filet d'eau. On arrive enfin à la qasba après huit heures et demie de marche depuis l'Ouâd Za.

Cette localité est isolée au milieu du désert d'Angad, et près de l'Ouâd Qsob, à sec une majeure partie de l'année; c'est une vaste enceinte rectangulaire qui date du siècle du sultan Maulay Ismaïl. Les bâtiments furent restaurés sous le règne de Maulay el-Hassan, qui y a installé une garnison. Dans l'intérieur réside aussi une petite population de marchands, dont les transactions se font avec le *preside* espagnol de Melila. Aux environs du fort apparaissent quelques cultures et le sol semble moins ingrat ; non loin de l'édifice, et près des tombeaux de Sidi Mellouk et de Sidi Mahrok, jaillissent plusieurs sources qui ne tarissent jamais; elles se déversent dans le petit Ouâd Qsob, et servent aux irrigations.

On compte environ six heures et demie de marche des Aïoun de Sidi Mellouk à Oudjda. Le terrain demeure toujours semblable; on ne cesse de voir dans le nord se profiler le massif des Beni-Snassen, précédé dans une direction parallèle du Djebel Megriz, dont on distingue de plus en plus les contours en s'avançant dans l'est. Puis, ce sont des collines, dites Koudiet-Sidi-Soultan, qui font suite au Djebel Arraza. Dans le sud, l'horizon se termine au Djebel Zekkara, à la suite duquel apparaît le Djebel Metsila, et enfin, dans l'extrême est, les montagnes se réunissent par le point

[1] Ouâd el-Haskes, Ouâd el-Gueddah, Ouâd el-Anser.

[2] L'Ouâd Chériat prend sa source dans les montagnes des Beni-bou-Zeggou, dans la contrée que l'on distingue entre cette chaîne et le Djebel Zekkara, non loin du territoire des Beni-Tala.

d'El-Masseur au Ras Afour, que l'on commence à discerner et qui est déjà sur le territoire algérien. Huit heures après avoir quitté les Aïoun, on rencontre le petit Ouâd Isly [1]; cette rivière, qui ne tarit jamais, coule sur un lit de gros galets en un mince filet durant l'été; elle baigne le pied d'une longue colline appelée Koudiet-Abderrahman, elle la contourne au nord, et de l'autre côté, en face, s'élève le Djorf-el-Khodar [2].

Un plateau peu ondulé couronne la Koudiet-Abderrahman; peu de temps après s'y être engagé on aperçoit Oudjda. On ne compte qu'une heure et demie de l'Ouâd Isly à la porte dit Bab-Angad de cette ville, et cinquante-trois heures depuis la porte dite Bab-el-Fotouh de Fez. Oudjda est une fort petite ville, située à 24 kilomètres à l'ouest de Lalla-Maghnia, dernier poste français de la province d'Oran dans cette direction. Elle est entourée de vergers d'oliviers fort étendus et très prospères, et qui forment une ceinture de 1 kilomètre environ de rayon, dans lesquels se voient de nombreux vestiges de constructions en pisé.

Ils sont abondamment arrosés par les sources de Sidi-Yahia, qui y arrivent par un canal et auxquelles se joignent les sources dites Aïoun-Zoraq. Le voisinage de la frontière algérienne donne à Oudjda toute son importance qui n'est que relative, car cette ville est bien déchue de sa splendeur passée [3].

---

[1] On sait que Ouâd Isly signifie en berbère «rivière de la mariée»; dans le tableau général des tribus berbères d'Ibn Khaldoun, on trouve, en effet, une tribu des Mâs-Islîten, peuplade qui laissa son nom à la plaine d'Isly, lieu célèbre par les combats qui s'y livrèrent à toutes les époques de l'histoire du Maghreb.

[2] C'est entre ces deux collines que se livra la dernière bataille d'Isly.

[3] La fondation d'Oudja eut lieu en l'an 994 (J.-C.) par Ziri Ibn Atia, qui y établit un lieu de retraite en cas de revers, et y fit porter les trésors de sa famille, alors que ce prince établissait la puissance de sa dynastie dans le Maghreb-el-Acsa.

Plus tard, Oudjda joua un rôle considérable au moment des rivalités entre les Merinides et les Abd el-Ouadites; enfin, à l'époque moderne, ce fut à Oudjda que Maulay Mohammed ben Echchrif s'installa en 1638. Grâce à l'appui des Angad, des Ahlaf, etc., il s'empara de cette ville qui reconnaissait alors l'autorité des Turcs.

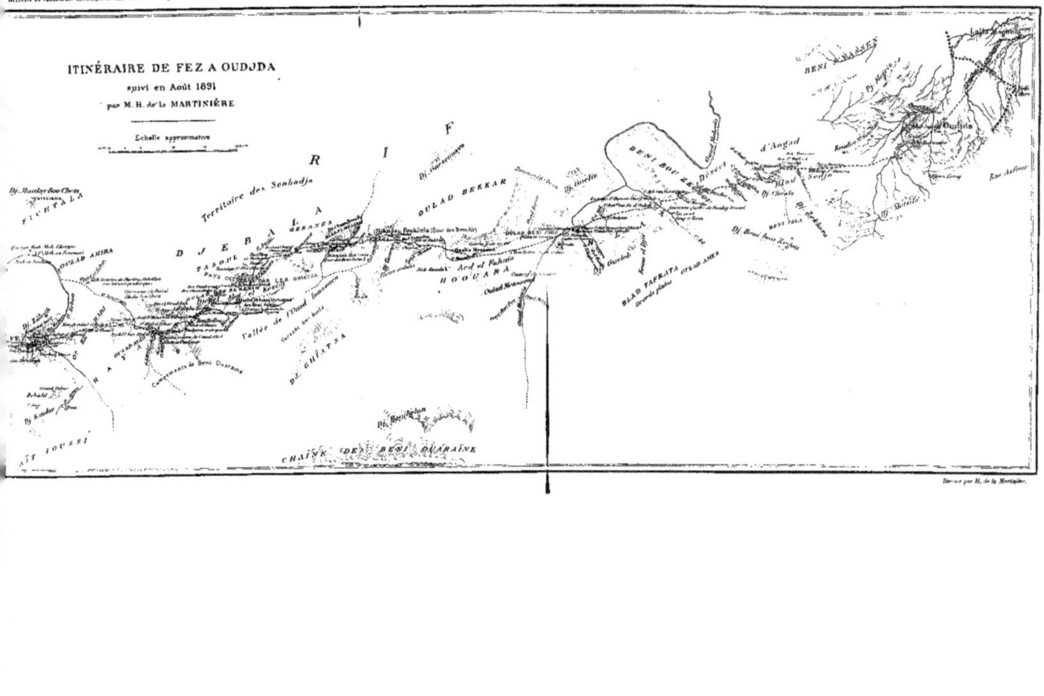

ITINÉRAIRE DE FEZ A OUDJDA
suivi en Août 1891
par M. H. de la MARTINIÈRE

Echelle approximative

Dressé par H. de la Martinière.